www.ingramcontent.com/pod-product-compliance
Lightning Source LLC
LaVergne TN
LVHW010422070526
838199LV00064B/5387
* 9 7 8 9 3 5 8 7 2 2 1 6 1 *

عزیز احمد کے ناولٹ:
ایک جائزہ

ڈاکٹر حمیرا اشفاق

© Dr. Humaira Ashfaq
Aziz Ahmad ke Novelettes : Aik Jaiza
by: Dr. Humaira Ashfaq
Edition: May '2024
Publisher :
Taemeer Publications LLC (Michigan, USA / Hyderabad, India)

ISBN 978-93-5872-216-1

مصنف یا ناشر کی پیشگی اجازت کے بغیر اس کتاب کا کوئی بھی حصہ کسی بھی شکل میں بشمول ویب سائٹ پر اَپ لوڈنگ کے لیے استعمال نہ کیا جائے۔ نیز اس کتاب پر کسی بھی قسم کے تنازع کو نمٹانے کا اختیار صرف حیدرآباد (تلنگانہ) کی عدلیہ کو ہو گا۔

© ڈاکٹر حمیرا اشفاق

کتاب	:	**عزیز احمد کے ناولٹ : ایک جائزہ**
مصنف	:	**ڈاکٹر حمیرا اشفاق**
پروف ریڈنگ / تدوین	:	اعجاز عبید
صنف	:	تحقیق و تنقید
ناشر	:	تعمیر پبلی کیشنز (حیدرآباد، انڈیا)
سالِ اشاعت	:	۲۰۲۴ء
صفحات	:	۳۲
سرورق ڈیزائن	:	تعمیر ویب ڈیزائن

عزیز احمد کے ناولٹس:
تاریخ و تہذیب کی بازیافت

عزیز احمد کا تاریخی اور تہذیبی شعور ان کے افسانوی اور غیر افسانوی تحریروں میں جابجا منعکس ہوتا ہے۔ بالخصوص ہند مسلم ثقافت پر ان کی توجہ کا مرکز و محور بنتا ہے۔ ان کی علمی اور ذہنی وسعت انھیں ہندوستان کے ساتھ ساتھ اپنے عہد کی بین الاقوامی صورتِ حال کو بھی احاطۂ تحریر میں لانے پر اکساتی ہے۔ اس کے علاوہ ان کی تاریخ پر گہری نظر اور مطالعہ انھیں صدیوں کے تاریخی اور تہذیبی تناظرات کو بھی گرفت میں لاکر کبھی تاریخی ناول نگار اور کبھی اسلامی سکالر کی صورت میں سامنے لاتی ہے۔ عزیز احمد کی غیر افسانوی تحریریں، "نسل اور سلطنت"، ' Studies in Islamic culture in the Indian Environment" (برصغیر میں اسلامی کلچر)، "Islamic Modernism in India and Pakistan" ، (برصغیر میں اسلامی جدیدیت)، "An Intellectual History of islam in India"، اور "A history of Islamic Sicily" بطور تہذیبی مؤرخ کے انھیں اہم مقام دلاتی ہیں۔ ان کتابوں کے علاوہ بھی تاریخ سے دلچسپی کی بنیاد پر انھوں نے کئی اہم کام کیے جو ان کی

کتب اور مقالات کی صورت میں سامنے آئے۔ وسیع علم اور تاریخ سے دلچسپی رکھنے والا اسکالر جب تخلیق کا بھی ملکہ رکھتا ہو تو اس کا لاشعور وسعتِ علمی کی وجہ سے تخیل کے کئی نئے افق وا کرتا ہے۔ جس کی مثالیں عزیز احمد کی افسانوی اور شعری تخلیقات میں دیکھی جا سکتی ہیں۔ ذیل میں عزیز احمد کی افسانوی تصانیف، یعنی ناول اور ناولٹس میں ان کے تصورِ تاریخ و تہذیب کو زمانی ترتیب سے زیرِ بحث لایا جائے گا تاکہ مصنف کے ذہنی سفر کے مراحل کا بھی جائزہ لیا جا سکے۔

عزیز احمد کی تحریروں میں تصوراتِ تاریخ و تہذیب ساتھ ساتھ چلتے اور قاری کے دل میں اپنی جگہ بناتے چلے جاتے ہیں۔ زمانی ترتیب کے اعتبار سے دیکھیں تو ان کا ہر افسانوی شہ پارہ تاریخی و تہذیبی تناظر کی کوئی نہ کوئی جہت سامنے لاتا ہے۔ باوجودیکہ عزیز احمد نے ان ناولٹس کو اپنے دورِ جاہلیت کی یادگار قرار دیا، 'ہوس' میں اس تہذیبی بنیاد کو نظر انداز نہیں کیا جا سکتا جس میں متوسط مسلمان معاشرے کی قدروں کے ٹوٹنے کی بازگشت سنائی دینے لگی تھی۔ اپنی تمام تر خرابیوں کے باوجود ناول میں ایسا خام مواد موجود ہے جو اس دور کے تہذیبی عناصر کی تخریب و تعمیر کے کام کو آگے بڑھا رہا ہے۔ پردے کی جکڑ بندی، شریف بیبیوں کی ذہنی اور جسمانی گھٹن اور اس سے پیدا ہونے والے نتائج اس دور کے تہذیبی تناظر کو اُجاگر کرتے ہیں۔

"خدنگِ جستہ" اور "جب آنکھیں آہن پوش ہوئیں" حیات تیمور سے جڑے ہوئے دو تاریخی ناولٹ ہیں جن پر وی۔ یان (V-Yan) اور ہیر لڈ لیم کے اثرات واضح طور پر نظر آتے ہیں۔ ڈاکٹر جمیل جالبی کا خیال ہے "یہ افسانے تہذیبی اور

روایتی سرمائے کو جدید زمانے سے ہم آہنگ کرنے کا بہترین اظہار ہیں۔ تاریخی شخصیتیں ایک نئے رنگ میں زندہ ہو کر ہمارے شعور کا حصہ بن جاتی ہیں۔" ا یہ دونوں ناولٹ جو ان کے انتقال کے سات سال بعد مکتبہ میری لائبریری سے ۱۹۸۵ء میں شائع ہوئے، تاریخی ناول نویسی میں اپنا ایک منفرد اور الگ مقام رکھتے ہیں۔

عزیز احمد کے نزدیک تاریخ ماضی کے واقعات کا کوئی ایسا مجموعہ نہیں کہ جس کا مقصدِ مطالعہ عبرت حاصل کرنا یا صرف عروج و فتوحات کی کہانیاں سن کر یا سنا کر اپنے احساس تفاخر کو تسکین دینا تھا۔ وہ تاریخ کے بارے میں ایک مخصوص فلسفیانہ نقطۂ نظر رکھتے تھے۔ بقول محمد حسن عسکری "ان (عزیز احمد) کا خیال تھا کہ ماضی حال میں بھی زندہ رہتا ہے صرف افراد کا ماضی نہیں بلکہ تہذیبوں اور نسلوں کا بھی۔" تاریخ کا یہ ایک ایسا گہرا تناظر ہے کہ جس کی موجودگی کی شہادت صرف ان کے تاریخی افسانوں سے ہی نہیں بلکہ ان کے پورے افسانوی ادب سے ملتی ہے۔ بعض اوقات تو یوں محسوس ہوتا ہے کہ ماضی اور وقت کے بارے میں ان کا مخصوص فکری احساس ان کے لیے ایک obsession کا درجہ اختیار کر چکا ہے۔ بسا اوقات وہ ایک سے زائد افسانوں میں ایک ہی نوع کے واقعات اور کرداروں کو تکرار کے ساتھ مختلف زاویہ ہائے نظر سے explore کرتے ہوئے نظر آتے ہیں۔ تیمور کی شخصیت پر لکھے ہوئے افسانے اسی بات کا ثبوت ہیں۔ ۲

یہاں ہیرلڈ لیم کے تاریخی ناولوں کے اُردو تراجم خصوصاً 'امیر تیمور' کا ذکر کرنا بیجا نہ ہوگا۔ ایسا لگتا ہے کہ عزیز احمد بہت دیر تک اس ناول کے سحر میں مبتلا رہے

ہوں گے اور بالآخر اس موضوع نے انہیں طبعزاد ناول لکھنے پر اکسایا ہو گا۔ اس کام کے لیے بہر حال انہیں اپنی زندگی کے آخری دور تک انتظار کرنا پڑا۔ ہیرلڈ لیم کے ناول 'امیر تیمور' کا ترجمہ وہ ۱۹۵۰ء کی دہائی میں مکمل کر کے شائع کر چکے تھے۔ تیموری سلسلے کے دونوں ناولٹ انہوں نے کہیں ۱۹۷۰ء کی دہائی میں لکھے کیونکہ اسی دور میں انہوں نے اپنے بعض معروف طویل مختصر افسانے لکھے۔

خدنگِ جستہ۔۔ تاریخی اور تہذیبی تناظر میں

ان طویل مختصر افسانے یا ناولٹس میں خدنگِ جستہ اور 'جب آنکھیں آہن پوش ہوئیں' بھی شامل ہیں۔

کیونکہ ان کے افسانوں کی زمانی وسعت، مکانی وحشت اور مواد کی بیکرانی، مختصر افسانے میں مقید نہیں ہو سکتی تھی۔۔۔ ہندی مسلمانوں کی باطنی شخصیت کے تعین کے لیے وہ سرحد اہم ترین ہے جہاں ایشیائے کوچک اور ایران بغل گیر ہوتے ہیں وہ لمحہ اہم ہے جب انسانوں کی کھوپڑیوں کے مینار تعمیر کرنے والے اسلام کی حقانیت گھونٹ گھونٹ اپنی وحشی فطرت میں اتار رہے تھے اور وہ فرد اہم ہے جو چنگیز اور ہلاکو کا خلف اور ظہیر الدین بابر کا سلف تھا اور جسے امیر تیمور کہتے ہیں، یہ دونوں افسانے اسی سرحد، اسی لمحے اور اسی فرد کے بارے میں ہیں۔ ۳

ڈاکٹر فاروق عثمان کے بقول ایشیائے کوچک اور ایران کی سرحدیں ملنے کے ساتھ ساتھ اسلام اور تصوف کے حوالے سے بھی یہ خطہ ہندی مسلمانوں کے لیے درس و تدریس کا اہم مرکز رہا ہے۔ امیر تیمور کا بھی اسی خطے سے تعلق تھا:

"اس (تیمور کی شخصیت) کا پس منظر جاوداں نیلگوں آسماں کا پجاری چنگیز خان ہے جس نے آگ اور خون کا دریا پار کر کے انسانوں کی کھوپڑیوں کے میناروں پر اپنی عظیم الشان سلطنت کی بنیاد رکھی اور یوں تموچن سے چنگیز خان بن گیا اور اس کا

(تیمور کا) پیش منظر منگولوں کے قبول اسلام کے بعد کی وہ صورت حال ہے جو جہاں بانی کے کچھ مختلف تقاضے رکھتی ہے۔ عدل و انصاف، عفو و در گزر اور عہد کی پاسبانی اس کی بنیادی شرائط ہیں اور جو دوسروں کی بجائے پہلے اپنی ذات پر فتح پانے سے ہی ہاتھ آسکتی ہیں۔ ان دونوں ناولٹس میں تیمور تاریخ کے جس فیصلہ کن مرحلے پر نظر آتا ہے وہاں چنگیز خان اس کا خواب ہے۔ لیکن اولجائی (تیمور کی بیوی) اس بھیانک خواب کی تعبیر کے تصور سے بھی کانپ جاتی ہے وہ (اولجائی) اس کے (تیمور کے) خون میں سر سراتے ہوئے چنگیزی جذبوں کو کبھی اپنے ساتھ اس کی محبت کے بل بوتے پر اور کبھی عقائد اور انسانیت کے ناطے اعتدال پر رکھنے کے لیے ہر ہر لمحہ وار پر گزارتی ہے، کیونکہ تیمور کے ساتھ ہر لحظہ بڑھتی ہوئی اپنوں کی بے وفائیاں اور زیادتیاں اسے خوف زدہ رکھتی ہیں گویا اولجائی تیمور سے خوف اور محبت، بیک وقت دو رشتوں سے بندھا ہوا ایک منفرد کردار ہے۔ جب اولجائی مر جاتی ہے تو اس کی بے کس موت کا انتقام ہے جو تیمور کو عفو و در گزر اور عدل و انصاف کو چھوڑ کر انہی راہوں پر ڈال دیتا ہے جن سے اولجائی اسے بچانا چاہتی تھی۔ ۴

یہ بات قابل ذکر ہے کہ " خدنگِ جستہ " میں، تیمور کے مقابلے میں اس کی بیوی اولجائی کا کردار تمام واقعات پر غالب دکھائی دیتا ہے۔ یہ کردار عالمی فتوحات سے زیادہ، سکون سے بھرے ہوئے ایک گھر کا متلاشی ہے۔ گھر، جس میں وہ گھر والی ہو۔۔ ماں، بہن، بیٹی، بیوی۔۔ نہ کہ جنگوں سے لوٹی اور اغوا کی ہوئی ایک لاچار عورت۔ وہ ڈرتی ہے کہ کہیں اس کا انجام بھی چنگیز خان کی بیوی جیسا نہ ہو۔ وہ ماں ہے، اس لیے تخلیق کار ہے، اس نے اپنے اور تیمور کے بیٹے جہانگیر کو جنم دیا ہے۔

تخلیق اس کی سب سے بڑی مسرت ہے۔ بڑی سے بڑی سماجی حیثیت یا اقتدار بھی اس مسرت کے سامنے ہیچ ہیں۔۔ اس کی گود میں زندگی پروان چڑھتی ہے، جو تہذیبوں کو جنم دیتی ہے۔ تخریب اس کی فطرت کے خلاف ہے اور تعمیر، اس کی فطرت کے عین مطابق۔۔ اس لیے وہ آگ اور خون کے کھیل کا حصہ نہیں بن سکتی۔ڈاکٹر انوار احمد کے الفاظ میں:

خدنگِ جستہ اس عہد کی کہانی ہے جب تیمور اپنے بیگانوں کی بے مہریوں اور بیوفائیوں کا شکار ہو کر دربدر پھرتا ہے۔چند جانثاروں اور اپنی وفادار بیوی اولجائی کے علاوہ اس کا ساتھ دینے والا کوئی نہیں یہ وہ زمانہ ہے جب وہ کبھی تو ایک شہر میں فاتح کی طرح داخل ہو رہا ہوتا ہے اور اس کے کان استقبالی نعرے سن رہے ہوتے ہیں اور کبھی وہ پورے وسط ایشیا میں اپنے خون کے پیاسوں سے بچنے کے لیے چھپتا پھرتا ہے لیکن اسے کوئی جائے پناہ نہیں ملتی۔یہی تگ ودو کا دور ہے جب اس کی پنڈلی میں وہ تیر پیوست ہوا جس نے ٹوٹ کر زخم کو تکلیف دہ ناسور بنادیا اسے جسمانی طور پر لنگڑا ضرور کر دیا لیکن اس کی امنگوں اور ولولوں کو آہنی ارادوں میں بدل دیا۔۵

"خدنگِ جستہ " تاتاریوں کی تہذیبی اور سماجی زندگی کا ایک حقیقت پسندانہ عکس ہے۔لباس، غذائیں، رسوم ورواج اور طرز بود و باش کو خوبصورتی سے ناولٹ میں سمولیا گیا ہے۔ اس غیر ترقی یافتہ قبائلی معاشرے کے روز و شب، زندگی اور موت کی کشمکش کے درمیان گزرتے ہیں۔ طاقت کے سامنے جھکنے والے اس معاشرے کے افراد اطاعت شعاری میں پیش پیش ہیں۔غداری کی سزا موت تھی جبکہ وفاداری کے بدلے، لذیذ خوراک، عمدہ شرابیں اور دنیا کی نعمتیں فراہم کی جاتی

تھیں۔ ان کے درمیان خون آشام جنگوں میں صرف مال و دولت اور مویشی نہیں لوٹے جاتے بلکہ عورتوں کو مالِ غنیمت کے طور پر اٹھالیا جاتا۔

"مردانہ بالا دستی، جنگجوئی اور ہوسِ اقتدار پر مبنی اس نیم وحشی و نیم عسکری نظام میں عورت کی حیثیت نہایت کمتر تھی اور اس کا رول بچوں کی پرورش کرنے، مردوں کی خدمت اور زخمی ہونے کی شکل میں تیمار داری کرنے اور اپنے قبیلے کی سلامتی کی دعائیں مانگنے تک ہی محدود تھا۔ ہر ہر لمحہ کا عدم تحفظ، مغویہ بنائے جانے کا خوف اور شوہروں و بھائیوں کی شکست کی رسوائی اور خاندانوں کا قتلِ عام ایسے خدشات تھے جو عورتوں کو کسی لمحہ چین نہیں لینے دیتے تھے۔ ایک شکست کے بعد دوسری جنگ، ایک فتح کے بعد اگلی مہم اور غنیم کے ذریعے مارے جانے والے شبخون ایسے روزمرہ کے خونیں حادثات تھے جن سے ان عورتوں کا ہر ہر لمحہ ایک مستقل بے چینی اور خوف و ہراس کی کیفیت کے سائے میں گزرتا تھا۔ خود تیمور جیسے بہادر اور مدبر سالار کی بیوی اولجائی اپنے شوہر اور اپنے بیٹے جہانگیر کی زندگی کے بارے میں ہر وقت خوفزدہ رہتی تھی۔ وہ جنگلوں اور ریگستانوں سے دور آبادیوں میں چین سے رہنا چاہتی تھی اور ان شہروں کو حسرت کی نگاہ سے دیکھتی تھی جو ابھی لُوٹے نہیں گئے اور نہ ہی جلائے گئے تھے۔ لیکن اولجائی کے یہ خواب کبھی شرمندہ تعبیر نہ ہوسکے کیونکہ وہ تیمور کے فیصلوں اور حکمت عملیوں کی تابع تھی اور تیمور کسی شہر میں پرامن طریقے سے گھر بار بسانے کے بارے میں سوچ بھی نہیں سکتا تھا۔ کیونکہ دشمن اسے ایک لمحے کے لیے بھی سکون سے نہیں بیٹھنے دیتے تھے۔ (٦)"

ناولٹ میں قبائلی زندگی کے تہذیبی اور تاریخی تناظر کو نمایاں انداز میں اجاگر کیا گیا ہے۔ یہ تہذیب ایک سادہ تہذیب تھی جس میں سخت کوشی اور جفاکشی کا عنصر واضح تھا۔ قبائلی ضرورتیں ایک حد کے اندر رہتی تھیں لیکن قبائلی سردار ہر وقت، ایک دوسرے سے لڑتے جھگڑتے رہتے تھے۔ سرحدوں میں توسیع ایک عام رجحان تھا جس کے نتیجے میں قبائلی نہ خود آرام سے رہ سکتے نہ دوسروں کو رہنے دیتے۔ وفاداریاں بے حد ذاتی تھیں لیکن حالات کی تبدیلی کے ساتھ ساتھ وفاداریوں میں بھی تبدیلیا جاتی تھی۔ انسانی درندگی کا چلن عام تھا جنگیں صرف عورتوں کے لیے ہی نہیں، پانی کے لیے، زمین کے قطعات کے لیے، مال مویشی کے لیے اور چھوٹی چھوٹی دوسری اشیا کے لیے بھی ہوتی تھیں۔ جنگ میں فتح پر مردوں کے سروں کے مینار بنائے اور جشن طرب منائے جاتے۔ ناچ گانا، میلے ٹھیلے اور تہواروں پر مٹکوں کے حساب سے شراب لنڈھائی جاتی۔ اس تہذیبی اور تاریخی تناظر کو عزیز احمد نے اپنے ناولٹ خدنگِ جستہ میں بہت بھرپور انداز میں پیش کیا ہے۔

"جب آنکھیں آہن پوش ہوئیں" کا تاریخی اور تہذیبی پس منظر

امیر تیمور کے سلسلے کا دوسرا ناولٹ 'جب آنکھیں آہن پوش ہوئیں' اس کی محبوب بیوی اولجائی کی وفات کے بعد کے واقعات پر مبنی ہے۔ اس کے ذریعے اس قبائلی تہذیب کی مزید تفصیلات سامنے آتی ہیں، جن کا ذکر خدنگِ جستہ میں کیا جا چکا ہے۔ ناولٹ میں اس تاریخی تناظر کی بات بھی کی گئی ہے جو امیر تیمور کی بچپن کی محرومیوں اور ناکامیوں سے عبارت تھا اور جنہوں نے تیمور کی شخصیت میں تلخی بھر دی تھی۔ اس ناولٹ سے یہ بھی واضح ہوتا ہے کہ امیر تیمور براہ راست چنگیزی نسل سے تعلق نہیں رکھتا تھا بلکہ وہ اولجائی سے شادی کے باعث چنگیزی نسل کا حصہ بن گیا تھا۔ اولجائی کا بھائی سلطان حسین جو کبھی اس کا وفادار پر اعتماد اتحادی تھا، اب گرفتار ہو کر تیمور کے قبضے میں ہے۔ تیمور کے مرشد اور روحانی رہنما قاضی زین الدین سلطان حسین کی جاں بخشی کے حق میں ہیں لیکن تیمور اور اس کے درباری ایک دشمن قیدی کی جان بخشی کے لیے تیار نہیں ہیں۔

"جب آنکھیں آہن پوش ہوئیں" تیمور کے تصورات کا ایک ایسا گرداب ہے کہ جس میں اس کی شخصیت لحظہ بہ لحظہ ڈوبتی اور اُبھرتی ہوئی نظر آتی ہے۔ دربدری اور صحرانوردی کا عذاب ختم ہو چکا ہے۔ اب وہ عظمتوں کی دہلیز پر کھڑا ہے۔ اس کا

سب سے بڑا دشمن اور دوست بھی شکست کھا کر ایک مجرم کی طرح اس کے سامنے آ چکا ہے۔ اب تو وقت ہے انصاف کا کہ جس کے لیے اپنی شخصیت، ذاتیات اور سماجی مراتب سے ماورا ہو کر طرز عمل اختیار کرنا ہے۔ کس طرح عدل ایک مقصود بالذات صفت ہے۔ اس میں کسی ڈر، خوف یا سازش کا دخل نہیں ہو سکتا۔ جہاں گیری اور جہاں سوزی تو ایک آسان اور سیدھا سادا عمل ہے۔ اس کے لیے تو صرف دوسروں کو قتل کرنا پڑتا ہے لیکن جہاں بانی و جہاں آرائی مطلق قدروں کی حکمرانی کا نام ہے اور اس کے لیے سب سے پہلے اپنی ambitions کا گلا گھونٹنا ہوتا ہے۔ ۷

حکمران اپنی خواہشات کا گلا نہیں گھونٹتے۔ اس ناولٹ کے تاریخی تناظر سے یہی واضح ہوتا ہے کہ وہ دوسروں کی زندگیاں اپنی خواہشات پر قربان کر دیتے ہیں۔ تیمور کو جس طرح کے حالات سے گزرنا پڑا۔ سلطان حسین نے اپنی بہن اور تیمور کی بیوی کے ساتھ جو سلوک روا رکھا، اس سے تیمور کو جتنی تکلیف پہنچی، اس سب نے اسے انتقامی بنا دیا۔ ایک طرف انصاف کے مشکل تقاضے ہیں تو دوسری جانب جہاں سوزی کا سادہ اور آسان عمل۔ دوسروں کو قتل کرنے جیسا سادہ اور آسان عمل۔ چنانچہ قاضی زین الدین کا اٹھایا ہوا یہ سوال اکارت گیا کہ جبر یا انصاف۔ تاریخ بتاتی ہے کہ تیمور اس سے سرخرو ہو کر نہیں نکلا۔ تیمور اب مختار کل ہے۔ سیاہ و سفید کا مالک۔ ایک سپاہی اسے تیمور لنگ کہتا ہے تو وہ اس کی کھال کھنچوا کر تین دن تک سڑنے کے لیے گلیوں میں پھنکوا دیتا ہے۔ یہاں تو اس کا پرانا رفیق اور نیا دشمن سلطان حسین ہے۔ بے شک وہ اس کی محبوب بیوی کا بھائی ہے لیکن جبر یا انصاف میں سے اسے کسی ایک صورت کا انتخاب کرنا ہے۔

"جب آنکھیں آہن پوش ہوئیں" دراصل تیمور جہاں سوز اور تیمور جہاں ساز کے درمیان ایک مجاہدے کی صورت ہے۔ اس مجاہدے میں تیمور جہاں سوز کی جیت ہوتی ہے کیونکہ اب جبکہ زمانہ اس (تیمور) کی گرفت میں آچکا ہے وہ کسی بھی اعلیٰ سے اعلیٰ تر قدر کی خاطر اس گرفت کو کمزور کر کے پھر شکست، دربدری اور صحرا نوردی کی طرف لوٹنا نہیں چاہتا۔ اس کا یہ فیصلہ بظاہر صرف سلطان حسین کی زندگی کا خاتمہ ہے لیکن وسیع تر معنوں میں اس بات کی علامت ہے کہ ذاتی خوف خطروں اور خواہشوں کی قربان گاہ پر اعلیٰ قدروں کی بھینٹ ایک ایسے رقص شر کا آغاز ہے کہ جس کی انتہا جھلسے ہوئے کھیتوں، لٹے ہوئے شہروں اور کٹے ہوئے سروں کے میناروں کے سوا کچھ نہیں۔"۸

یہ مجاہدہ تیمور اور قاضی زین الدین کے درمیان بھی ہے۔ قاضی زین الدین جبر کے مقابلے میں عدل کا سوال اٹھاتے ہیں اور تیمور بھی انصاف کے نام پر ہی جبر کو بروئے کار لانے کے لیے تیار بیٹھا ہے، وہ خود قاضی سے انصاف کا فتویٰ طلب کر رہا ہے:

"امیر تیمور نے قاضی زین الدین کو اشارہ کیا: "بابا زین الدین یہ امیر بلخ کیخسرو کی فریاد ہے۔ سلطان حسین کے حکم سے اس کے بھائی اولجاتیو کو قتل کیا گیا تھا۔ تم نے مجھے انصاف کا مشورہ دیا ہے اور میں نے ہمیشہ مانا ہے۔ اب تم انصاف کا فتویٰ دو۔" سلطان حسین نے کہا: "مجھے یہ واقعہ یاد نہیں، لیکن امیر تیمور کسی نے آج تک بادشاہ پر قتل کا الزام لگایا ہے؟ کیا ہر جان بادشاہ کی ملکیت اور اس کے اختیار کی چیز نہیں؟"

مگر شاطر کے چہرے کے اعصاب سخت ہو گئے اور اس نے کہا:"یہ معاملہ انصاف کا ہے۔ اس کا باقاعدہ فیصلہ ہونا چاہیے۔ میں اس میں دخل نہیں دوں گا۔" اور پھر اس نے تحکم اور تقوے کے ملے جلے لہجہ میں کہا" ورنہ کل میں داور محشر کو کیا منہ دکھاؤں گا؟"۹

کیخسرو (مدعی) بھی انصاف کا دعویٰ لے کر تیمور سے انصاف کا طالب ہے۔ اس کو خود تیمور نے شہ دی ہے کہ وہ تیمور کے دربار میں اپنے بھائی کے خون کا بدلہ طلب کرے۔ مفتی زین الدین اس میں سازش کی کڑیاں دیکھ لیتے ہیں۔

"محافظ دستے کے سپاہی سلطان حسین کو حراست کے خیمے میں لے گئے اور جب تیمور دربار کو برخاست کرنے کے لیے اٹھنے لگا تو اس نے پوچھا" بابا زین الدین آپ کو کچھ اور کہنا ہے؟"

قاضی زین الدین نے کہا" صرف اتنا کہ جب جسم کو فولاد کا زرہ بکتر پہنایا جاتا ہے اور سر پر آہنی خود اوڑھا جاتا ہے تب بھی آنکھیں کھلی رہتی ہیں۔ حالانکہ آنکھیں جسم کا سب سے نازک حصہ ہیں۔ لیکن جب آنکھیں آہن پوش ہو جائیں تو زرہ بکتر بیکار ہے۔ فولادی خود بیکار ہے، تیر اور تبر، ڈھال اور تلوار بے کار ہے۔ عدل میں اتنا ہی خطرہ ہے جتنا آنکھیں کھلی رکھنے میں۔ لیکن آنکھیں آہن پوش ہونے میں اور زیادہ خطرہ ہے۔"۱۰

مفتی زین الدین کی عدل کے لیے پکار صدا بصحرا ثابت ہوئی۔ انہوں نے تیمور کی آنکھوں میں آنکھیں ڈال کر انصاف کی دہائی دی۔ انہوں نے عدل یا جبر کا سوال اٹھایا۔ انہوں نے اصرار کے ساتھ کہا کہ عدل میں سازش کا مقام نہیں۔۔ لیکن تیمور

فیصلہ کر چکا تھا اس نے کیخسرو کو اس کے خیمے سے طلب کیا اور کہا "میں تمہیں کوئی حکم نہیں دیتا۔ نہ قصاص کا، نہ خون بہا کا۔ میں اس مقدمہ کا کوئی تصفیہ نہ کروں گا۔ اس کا تصفیہ میرا نہیں تمہارا معاملہ ہے۔"

امیر تیمور کی آنکھ میں ایک چھوٹی سی چمک پیدا ہوئی جسے دیکھ کر کیخسرو کی دونوں آنکھیں چمکنے لگیں۔ اس نے امیر کے لبادہ شب خوابی کے دامن کو چوما اور پھرتی سے خیمہ سے نکل گیا۔

جب وہ سلطان حسین کا سر کاٹ کر واپس آرہا تھا، قاضی زین الدین نے اس وقت تہجد کی نماز ختم کر کے دعا کے لیے ہاتھ اٹھائے۔ اس نے خدا سے ساری دنیا کے لیے دعا مانگی۔ ان شہروں کے لیے جن کا قتل عام نہیں ہوا تھا۔ ان عورتوں کے لیے جن کی عصمت دنیا بھر کے مکانوں میں محفوظ تھی۔ ان بچوں کے لیے جو یتیم نہیں ہوئے تھے اور غلام نہیں بنے تھے اور جب وہ دعا مانگ رہا تھا تو کوئی اس کے دل میں چپکے چپکے کہہ رہا تھا یہ سب بے کار ہے، یہ سب بے کار ہے۔ کیونکہ دونوں آنکھیں آہن پوش ہو چکی تھیں۔ ۱۱

یہ دو زاویہ ہائے نظر کا فرق تھا۔ مفتی زین الدین کا نقطۂ نظر عدل، امن اور رحم، اس کے برعکس تیمور کا تخت و تاج کے لیے، عورتوں کا بچوں کا، سیاسی مخالفوں کا خون بہانے کا نام تھا۔ تاریخی تناظر میں یہ نیکی پر بدی کی فتح تھی، امن پر جنگ کا غلبہ تھا اور رحم پر سیاسی اقتدار کی ہوس کا بول بالا تھا۔ یہ سب کچھ اس حقیقت کے باوجود تھا کہ تاتاری اسلام قبول کر چکے تھے لیکن وحشیانہ قبائلی قوانین ابھی تک امن اور عدل کی راہ میں رکاوٹ تھے۔

تہذیبی تناظر میں اس طرح دیکھا جا سکتا ہے کہ جنگیں، لوٹ مار، عورتوں کی عصمت دری اور دوسروں کے ذخائر پر قبضہ ابھی تک قبائلی تہذیب کی بنیاد تھی اور اسلامی تہذیب، ان میں ابھی اپنی جڑیں نہیں بنا سکی تھی۔ طاقت کے آگے سر جھکانا اس تہذیب کا خاصہ تھا لیکن قاضی زین الدین جیسے انصاف پسند اور حکمرانوں کی آنکھوں میں آنکھیں ڈال کر عدل اور رحم کی بات کرنے والے انسان ابھی موجود تھے۔ یہ تہذیب بیک وقت اپنی مثبت اور منفی قدروں کے ساتھ موجود تھی جسے عزیز احمد نے اپنے ان دونوں ناولٹس میں ہمیشہ کے لیے محفوظ کر دیا ہے۔

مثلث اور یورپی لوکیل

بعض نقادوں نے "خدنگِ جستہ"اور "جب آنکھیں آہن پوش ہوئیں "کی طرح 'مثلث' کو بھی طویل مختصر افسانہ قرار دیا ہے۔ 'مثلث' اور عزیز احمد کے آخری ناولٹ 'تیری دلبری کا بھرم' کو پروفیسر عتیق احمد نے طویل کہانیاں قرار دیتے ہوئے انہیں "ان ناولوں کی condensed شکل اور ان افسانوں کی پھیلی ہوئی دنیا کہا ہے۔ جنہیں انہوں نے "اپنے ذاتی تجربے اور مشاہدے کی بنا پر یورپ کی فضا میں غیر یورپی مرد اور عورتوں کے افعال و کردار کی سرگزشت بنا دیا ہے۔"

۱۲

یورپی لوکیل میں یورپی اور غیر یورپی کرداروں پر مبنی یہ کہانی کسی مخصوص تہذیبی یا تاریخی تناظر کا اظہار نہیں کرتی۔ البتہ اس میں کہیں کہیں تاریخی حوالے اس میں مقصدیت اور معنویت پیدا کرتے ہیں۔ یہ حوالے کسی زمانی مکانی ترتیب کے بغیر آتے ہیں اور اپنا مطلب بیان کر کے گزر جاتے ہیں۔۔ کہانی کے مطابق ایک ترک میجر بایزید قراحصار، امریکہ میں اپنے تین روزہ قیام کے دوران، اپنی تین شامیں تین مختلف خواتین کے ساتھ گزارتا ہے۔ پہلی شام ریستوران کے بارمین سے گفتگو کے دوران۔۔۔یونان کے ذکر پر ایک تاریخی حوالہ سامنے آتا ہے۔

"ایک لمحہ کے لیے اس کے ابرو پر شکن آئی" قبرص، نگوسیا، فتح یونان، موریا

کے مسلمانوں کا قتل، مقدونیہ، قبرص، قبرص، قبرص۔"۱۳

مارگریٹ کے ساتھ گزرتی شام گہری رات میں بدل رہی ہے۔ ترک میجر اپنی ایک دوست کا ذکر کرتے ہوئے کہتا ہے:

"جب جرمنوں نے ناروے پر قبضہ کیا تو وہ ختم ہو گئی" اور پھر مارگریٹ نے خود کہا

"اور اس جنگ نے مجھے بھی کہیں کا نہ رکھا۔ میرا شوہر آنزکس میں تھا، لوزون میں ایک ہوائی حادثے میں مارا گیا۔"۱۴

اگلی شام ایک دوسری لڑکی آگستا گوک چیان سے باتیں کرتے ہوئے، وہ شیکسپیئر، شاعری اور تاریخ کی بات کرتا ہے۔

"۔۔۔ آج کل میں تاریخ پڑھتا ہوں، صرف تاریخ، جس میں کسی جذباتی مساوات کی تلاش نہیں اور تاریخ بھی مجبوراً کیونکہ تاریخ صرف انسانوں کی تاریخ ہے۔ کاش دینوسار اپنے ڈھانچوں اور چٹانوں پر اپنے قدم کے نشانات کے علاوہ اپنی ساری سرگزشت لکھ کر چھوڑ گئے ہوتے۔"۱۵

آگستا کے ساتھ ایک اور ملاقات میں تاریخ کا ایک اور حوالہ سامنے آتا ہے وہ کہنے لگی۔ "میں نے تاتاریوں کی تاریخ نہیں پڑھی، ترکوں اور تاتاریوں میں کیا تعلق تھا؟"

ابھی میجر حصار تاتاری اور ترک قوموں کے ربط اور تصادم کے واقعات سنا ہی رہا تھا کہ خاموشی اور دلچسپی سے سنتے یکلخت پھر اس کی شرارت کی رگ پھڑکنے لگی "بایزید! یہ بتاؤ، اس مثل میں کوئی صداقت ہے کہ ترک کو کھجلاؤ تو تاتار برآمد ہوتا

ہے ؟"

"یہ تمھیں آج کیا ہو گیا ہے آگسٹا ؟"

"کچھ نہیں کچھ نہیں ، میجر قراحصار۔ میں معافی چاہتی ہوں ، شاید وہ لاشعوری عداوت جو آرمینیوں کو ترکوں سے ہوتی ہے لیکن شعوری طور پر کچھ نہیں۔

اسی گفتگو کے دوران کچھ دیر بعد آگسٹا، افلاطون کا ذکر رہی تھی:

"میں جانتی ہوں ، مشرق کے تصوف پر سمپوزیم کا بہت اثر ہوا۔ یہاں تک تو کوئی ہرج نہیں تھا۔ ہر تمدن کو اپنے لیے افیون چننے کا حق ہے۔ تعجب اس پر ہے کہ جس چیز میں تمہارا سارا تمدن اُلجھ کر رہ گیا، وہ سقراط اور السی بائی ڈیز کے باہمی تعلقات تھے۔ اس کے برعکس ہمارے تمدن کی بنیاد سقراط کی موت پر ہے۔"١٦

عزیز احمد نے جس طرح مثلث کے تین اضلاع یعنی تین خواتین سے ترکی میجر کی ملاقاتوں کے ذریعے اپنے تاریخی اور تہذیبی تناظر کو واضح کیا ہے، یہ انھی کا حصہ تھا۔ بحیثیت مسلمان، ایک پاکستانی، ایک مورخ، ایک تخلیق کار انہوں نے تاریخ کے عناصر کو بڑی مہارت اور چابکدستی سے 'مثلث' میں سمویا ہے۔ تہذیبی تناظر کے حوالے سے بھی انہوں نے یورپی اور غیر یورپی (ایشیائی) تہذیبوں کو اپنے چاروں کرداروں کی مدد سے آگے بڑھایا ہے۔ 'مثلث' کی ہر داستان، ایک الگ تاریخی تناظر رکھتی ہے۔ اس ناول کا "بنیادی موضوع بھی ایک لحاظ سے یورپی تمدن اور ثقافت کے پس منظر میں مشرقی انسان کی نفسیات کا مطالعہ ہے۔ ناول کو پڑھتے ہوئے تو پہلے ایک خطرے کی گھنٹی بجنے کا احساس ہوتا ہے کہ کہیں عزیز احمد ایک دفعہ پھر 'ہوس' اور 'مرمر اور خون' کی طرف مراجعت تو نہیں کر رہے کیونکہ اس

ناول میں بھی جنس کا حوالہ ایک قوی صورت میں سامنے آتا ہے۔۔۔ لیکن جوں جوں واقعات آگے بڑھتے جاتے ہیں، موضوع کی سنجیدگی اور فکر کی گہرائی بھی واضح ہوتی چلی جاتی ہے۔ اور عزیز احمد کی زندگی کے آخری دور میں ، جو علمی، ادبی اور تہذیبی assimilation کی ایک اعلیٰ سطح نظر آتی ہے، اس کا تخلیقی اظہار ایک بار پھر اس ناولیٹ (مثلث) کی شکل میں سامنے آتا ہے۔ ۱۷

پروفیسر عتیق احمد کے لفظوں میں:

"مثلث کے یہ تینوں اضلاع، اپنی فلرٹ زندگیوں کے باوجود، قابل ہمدردی ہیں۔ تینوں خواتین اچھی طرح جانتی ہیں کہ ایک جوان، حسین، صاحب مرتبہ مرد محض ان کی اس خواہش کے بدلے کہ وہ اس کے ساتھ چند گھنٹے کسی ہوٹل یا ریستوران میں گزار کر اپنی تنہائیوں اور بے بسی کے زہر کا وقتی تریاق تلاش کر سکیں۔ انہیں، کس کس طرح سے ایکسپلائٹ کر کے اپنے جنسی جذبے کی تسکین کرنا چاہتا ہے لیکن یہ سب کچھ جاننے کے باوجود وہ بار بار ایک ہی قسم کا دھوکہ جان بوجھ کر کھاتی اور اس ایک ہی جال کی طرف جان بوجھ کر لپکتی ہیں کہ جس سے متعلق انہیں یقین ہوتا ہے کہ ان کی خوبصورت اور روپہلی سنہری ڈوریاں، ان کو جکڑنے کی خاطر استعمال کی جا رہی ہیں، مگر انسانی فطرت کی کمزوری۔۔۔ دوسرا ہٹ، سہارا اور دوسری ہم جنسوں کی نظر میں اپنی اہمیت تسلیم کرانے کا جذبۂ مسابقت۔۔۔ بار بار انہیں یہ دھوکہ کھانے کی دعوت دیتا ہے۔"۱۸

'مثلث' میں عزیز احمد کا تصور تاریخ و تہذیب واضح ہے جس سے اندازہ ہوتا ہے کہ 'مثلث' عزیز احمد کی تہذیبی اور ثقافتی پہچان کی نہ صرف نشاندہی کرتا ہے بلکہ

وہ ان سے مصنف کی گہری واقفیت کا پتہ بھی دیتا ہے۔ ان کی فکر میں کوئی الجھن، کوئی ابہام نہیں۔ مثلث میں ان کا تہذیبی اور تاریخی تناظر عالمی تہذیب کی طرف کھلنے والی وہ کھڑکی ہے جس سے تہذیبی رنگا رنگی کا مشاہدہ کیا جا سکتا ہے۔

تیری دلبری کا بھرم: مغربی معاشرت کے تناظر میں

محققین کے مطابق 'تیری دلبری کا بھرم' عزیز احمد کا دسواں ناول ہے اور اس اعتبار سے آخری بھی، اس ناول کا موضوع نیا بھی ہے اور پرانا بھی۔ نیا اس اعتبار سے کہ اس میں برطانیہ میں مقیم پاکستانیوں کی زندگی اور ان کے مسائل پر مرکوز بحث کی گئی ہے۔ تہذیبی صدمات سے جسمانی مشقتوں تک انہیں اتنے کچوکے لگتے ہیں کہ لندن "کی دلبری کا بھرم" کھل جاتا ہے۔ پرانا اس اعتبار سے کہ ان کے دیگر ناولوں میں لندن اور اس کی زندگی کی تفصیلات بیان کی گئی ہیں اور جن قارئین نے ان کے وہ ناول پڑھ رکھے ہیں، ان کے لیے ان میں کوئی نئی اور چونکا دینے والی بات نہیں ہے۔ اس کے باوجود یہ ناول اہم ہے اور ۱۹۷۰ء کی دہائی کے نصف آخر میں کئی اہم سوالات اٹھاتا ہے جن میں سب سے بڑا مسئلہ لندن میں پاکستانی باشندوں کے سماجی اور نفسیاتی مسائل سے عبارت ہے۔ رفعت نواز کے لفظوں میں:

"لندن ہمارے لیے مقناطیسی کشش رکھتا ہے، ہم اپنے وطن میں بیٹھ کر لندن کی زندگی کا بڑا رنگین تصور باندھتے ہیں اور چاہتے ہیں کہ لندن جا کر زندگی کی آسائشوں کے مزے لوٹیں۔ جب ہم ایسا رنگین تصور لے کر وہاں پہنچتے ہیں تو خوابوں کی حقیقت کھلنے لگتی ہے۔ لندن کی مشینی زندگی اور انگریزوں کی کم آمیزی نے وہاں کے باسیوں کو بھی متنفس مشین بنا کر رکھ دیا ہے۔ وہاں پہنچتے پر جمود، گھٹن

اور افسردگی کا احساس ہوتا ہے اور لندن کی دلبری کا بھرم کھلنے لگتا ہے اور جب بھرم کھلتا ہے تو پشیمانی ہوتی ہے مگر یہ پشیمانی بعد از وقت ہوتی ہے اور لندن کی زندگی ہمارے لیے پیر تسمہ پا بن جاتی ہے، جس سے مفر ممکن نہیں ہے وہاں پر شخص نا مطمئن نظر آتا ہے۔ ہر ایک کو اپنے کیے پر پچھتاوا آتا ہے اور سب سے بڑھ کر یہ احساس ہوتا ہے کہ دنیا میں کہیں ہمارا کوئی گھر نہیں، کوئی وطن نہیں، کوئی غم گسار نہیں ہے۔ مشینوں کی گھڑ گھڑاہٹ ہے، چہروں پر بے بسی کی لہریں ہیں، دلوں پر برف کے تودے پڑے ہیں اور جذبات لندن کی کہر میں ڈوب گئے ہیں۔"۱۹

ناول کا مرکزی کردار لاہور کا جمشید علی خان ہے، وہ خود بھی ایک کردار ہے اور ناول کے دیگر کرداروں کو متعارف کرانے کا اہم ذریعہ بھی۔ ایک انگریز خاتون سے شادی کر کے پاکستان چلا جاتا ہے لیکن برطانیہ کے لیے اپنی بیوی کی تڑپ دیکھ کر دس سال بعد واپس لندن آجاتا ہے۔ یہاں اس کا ایک مطب ہے۔ جس کے ذریعے ناولیٹ کے اکثر کردار سامنے آتے ہیں۔ ان میں سلامت ہے، جو لندن کی جنت کے خواب دیکھتا ہوا کسی طرح لندن تو پہنچ جاتا ہے لیکن بیروزگاری، سخت محنت مشقت اور وطن سے دوری اسے بیمار کر کے ڈاکٹر جمشید کے مطب تک پہنچاتی ہے۔ ڈاکٹر جمشید، ایک دن اس کی خودکشی کی خبر سنتا ہے۔

ایک اور کردار افضل ہے جو اسلامی تاریخ کی طالب علم انگریزی نژاد خوبصورت لڑکی میبل سے فلرٹ کرتا ہے۔ میبل اس سے دور بھاگنے کی کوشش کرتی ہے لیکن وہ اسے کسی طرح اپنی محبت کا یقین دلا دیتا ہے۔ ابھی معاملات درمیان میں

ہی ہوتے ہیں، جب میبل اسے ایک اور لڑکی کے ساتھ دیکھ لیتی ہے۔ وہ اعصابی مریضہ بن کر ڈاکٹر جمشید کے مطب پہنچتی ہے۔ اسی طرح چاٹگام کا ایک بنگالی نوجوان اقتدار اولیاء لندن میں شرعی زندگی گزارنے کی کوشش کرتا ہے۔ وہ لندن یونیورسٹی کے ایجوکیشن ڈیپارٹمنٹ میں ماسٹرز کر رہا ہے۔ وہ لکھنے پڑھنے کے علاوہ اور کسی چیز میں دلچسپی نہیں لیتا۔ ہمیشہ ذبح کیا ہوا حلال گوشت کھاتا ہے اور لندن کی رنگین زندگی سے مکمل طور پر کنارہ کش رہتا ہے۔ اپنے زہد کو برقرار رکھنے کے لیے وہ اپنے جذبات کو کچلتا ہے۔ اس کی بیماری سر درد سے شروع ہوتی ہے اور وہ اعصابی بیماری کا شکار ہو جاتا ہے۔ خود ڈاکٹر جمشید اور ان کی انگریز بیوی بیس سالہ ازدواجی زندگی کے بعد اس بات پر پچھتا رہے ہوتے ہیں کہ انہوں نے اولاد پیدا نہ کر کے غلطی کی۔ وہ کسی ایسی مخلوط نسل کو دنیا میں لانے کے لیے تیار نہیں تھے جس کا نہ کوئی مذہب ہوتا، نہ وطن۔

ڈاکٹر جمشید کو یاسمین یاد آتی ہے جو عالمی جنگ کے دوران مراکو کے ایک امیر اور ایک فرانسیسی عورت کی اولاد تھی۔ لندن میں وہ ایک کامیاب قحبہ کی زندگی گزارتی تھی اور بمبئی جا کر کامیاب اداکارہ بننا چاہتی تھی۔ وہ بمبئی پہنچ بھی گئی اور اسٹوڈیوز کی خاک چھاننے کے بعد ڈیڑھ ماہ کے اندر چیچک کا شکار ہو کر مر گئی۔ ایک اور لڑکی ہلڈا تھی۔ ان کی انگریز بیوی کرسٹل کی دوست۔ وہ اتنی خوبصورت تھی کہ ڈاکٹر جمشید کو اس سے اظہار محبت کرنے کی جرات ہی نہ ہو سکی۔ اس نے ایک سندھی اڈوانی سے شادی کر لی لیکن پھیپھڑوں پر پلورسی کے اثر سے جلد ہی موت کا

نشانہ بن گئی۔ اس ناول کا ایک ذیلی موضوع مشرق و مغرب کا تفاوت بھی ہے۔ اس کا اظہار بھی ڈاکٹر جمشید کی زبانی اسی کے مطب میں ہوتا ہے۔

"گنگاوین تم مجھ سے بہتر انسان ہو" لیکن میں بتاؤں سلامت اللہ یہ قول کپلنگ کا ہے اور وہ اس کا قائل تھا کہ مشرق مشرق ہے اور مغرب مغرب اور یہ دونوں کبھی نہ ملیں گے۔ اس لیے کہ اس کا عقیدہ تھا کہ یورپ برتر ہے اور ہمیشہ برتر رہے گا اور ایشیا کمتر ہے اور ہمیشہ کمتر رہے گا۔ اس لیے تم جو یہ امیدیں لگائے آئے ہو کہ یہاں تم سے برابری کا سلوک کیا جائے گا یا جیسی کلرکی تمہیں کراچی میں مل گئی تھی، یہاں بھی مل جائے گی تو یہ غلط ہے۔ یہاں اس وقت تک کسی ہندوستانی پاکستان کو نوکری نہیں دیتے جب تک یقین نہ ہو جائے کہ کوئی انگریز اس جگہ کے لیے نہ مل سکے گا۔"۲۰

اپنے اندر بجائے خود یہ ایک بڑا موضوع ہے "تیری دلبری کا بھرم" مشرق و مغرب کے درمیان فاصلوں کو کم کرنے اور جمشید اور کرسٹل کو مشرق و مغرب کے چکر سے نکال کر انسانی وحدت کی طرف لانے کا پیغام بر ہے۔ یہ ایک طرح سے کپلنگ کے نوآبادیاتی تفوق اور تفاخر۔۔۔ مشرق، مشرق ہے اور مغرب، مغرب، یہ نہ کبھی ملے ہیں، نہ کبھی مل سکیں گے۔۔۔ کا ٹھوس اور مدّلل جواب بھی ہے جس کی بہت سی مثالیں، خود ناول میں بھری پڑی ہیں۔

'تیری دلبری کا بھرم' کا تاریخی اور تہذیبی تناظر قابل توجہ ہے۔ ۱۹۷۰ء کی دہائی بلکہ دو دہائیاں اس سے بھی قبل مشرق کے تہذیبی بگاڑ کا آغاز ہو چکا تھا۔ لندن

ایک بین الاقوامی مرکز ہونے اور تمام قوموں اور نسلوں کو اپنے اندر سمونے کے باوجود اہل مشرق سے دور تھا۔ لندن میں رہنے والے ہندوستانی یا پاکستانی لندن کی گلیوں بازاروں میں گھومتے، انڈر گراؤنڈ میں سفر کرتے لیکن عملاً وہ لندن سے اتنے ہی دور تھے جتنے وہ پاکستان میں رہ کر لندن سے دور تھے۔ چنانچہ انہیں وہاں پاکستانی یا ہندوستانی جزیرے بنا کر رہنا پڑتا۔ چھوٹا سا میرپور، چھوٹا سا ڈھاکہ، چھوٹا سا لاہور، لندن انہیں اپنی سرزمین پر قدم رکھنے کی اجازت تو دیتا ہے لیکن انہیں لندن کے شہری تسلیم نہیں کرتا۔

عزیز احمد کی فکشن میں تاریخ اور تہذیب کی واضح جھلکیاں دیکھی جا سکتی ہیں۔ ان کے ناولوں اور ناولٹس میں ہند اسلامی کلچر کی بھرپور تصویر کشی کی گئی ہے۔ اس کے علاوہ یورپ کی اجتماعی معاشرت کے مرقعے بھی ان کے ناولوں میں بڑی عمدگی سے بنائے گئے ہیں۔ ان کے فکشن کی بڑی انفرادیت ان کی تاریخی اور جغرافیائی معلومات کو کہانی کا ایسا جزو بنانا بھی ہے جو قاری کو ناگوار نہیں گزرتا بلکہ وہ خود اس خوابناک فضا میں سانس لینا شروع کر دیتا ہے۔ بطور ناول نگار عزیز احمد تاریخ اور تہذیب کی مختلف جہتوں کو اس طرح بیان کرتے ہیں کہ وہ ایک تاریخی تسلسل کا حصہ معلوم ہونے لگتی ہیں۔ اپنے اولین ناول میں جسے انھوں نے خود بھی ایک ناول تسلیم کرنے سے انکار کر دیا تھا حیدر آباد دکن کی زوال آمادہ تہذیب کو تفصیل سے بیان کرتے ہیں۔ ان کے تین چار ناولوں میں حیدر آباد دکن کی نشاۃ ثانیہ کا کہیں تصور نہیں ملتا۔ اس کے برعکس وہ انیسویں صدی کے اس زوال آمادہ معاشرے کی

تہذیبی اور تاریخی بربادی کو واقعات لازمی حصہ بنا کر پیش کرتے ہیں۔ وہ ابھرتے ہوئے یورپ، سپین سمیت وہاں کی دیگر جمہوری تحریکوں اور روشن خیالی کے انسانی خواب کو نئی سمت دیتے ہیں۔ اس اعتبار سے ہند اسلامی تہذیب کے ترقی پسند عناصر بھی اس عالمی تہذیب اور تاریخ کا لازمی جزو قرار پاتے ہیں۔

٭٭٭

ڈاکٹر حمیرا اشفاق
لیکچرر، شعبہ اردو
بین الاقوامی اسلامی یونیورسٹی، اسلام آباد

حوالہ جات

۱۔ عزیز احمد، ۱۹۸۵ء، جڑواں تاریخی (تیموری ناولٹس) "خدنگِ جستہ اور "آنکھیں آہن پوش ہوئیں"، میری لائبریری، لاہور، ص ۲

۲۔ فاروق عثمان، "تعارف" مشمولہ جڑواں تاریخی (تیموری ناولٹس) "خدنگِ جستہ" اور "جب آنکھیں آہن پوش ہوئیں" میری لائبریری، لاہور، ۱۹۸۵ء، ص ۹۔۱۰

۳۔ انوار احمد، ڈاکٹر، "اردو افسانہ ایک صدی کا قصہ" مثال پبلشرز، فیصل آباد، ۲۰۱۰ء، ص ۳۷۳

۴۔ فاروق عثمان، ڈاکٹر، مشمولہ جڑواں تاریخی (تیموری ناولٹس) "خدنگِ جستہ" اور "جب آنکھیں آہن پوش ہوئیں" میری لائبریری، لاہور ۱۹۸۵ء، ص ۳۷

۵۔ انوار احمد، "اردو افسانہ ایک صدی کا قصہ" مثال پبلشرز، فیصل آباد، ۲۰۱۰ء، ص ۳۷۳

۶۔ خالد اشرف، ڈاکٹر "برصغیر میں اُردو ناول"، فکشن ہاؤس، لاہور، ۲۰۰۵ء، ص ۳۰۲۔۳۰۱

۷۔ فاروق عثمان، مشمولہ جڑواں تاریخی (تیموری ناولٹس) "خدنگِ جستہ" اور "جب آنکھیں آہن پوش ہوئیں" میری لائبریری، لاہور، ۱۹۸۵ء، ص ۱۲

۸۔ ایضاً

۹۔ نزہت سمیع الزمان، ڈاکٹر، مشمولہ جڑواں تاریخی (تیموری ناولٹس) "خدنگِ جستہ" اور "جب آنکھیں آہن پوش ہوئیں" میری لائبریری، لاہور ۱۹۸۵ء، ص ۲۹

۱۰۔ عزیز احمد، ایضاً، ص ۳۰

۱۱۔ ایضاً، ص ۱۵۱

۱۲۔ ایضاً، ص ۱۴

۱۳۔ ایضاً، مثلث، نیا دور کراچی، شمارہ ۶۔۵، س۔ن، ص ۱۲۶

۱۴۔ ایضاً، ص ۱۲۶

۱۵۔ ایضاً، ص ۱۴۲

۱۶۔ ایضاً، ص ۱۷۲

۱۷۔ فاروق عثمان، ڈاکٹر، مشمولہ جڑواں تاریخی (تیموری ناولٹس) "خدنگِ جستہ "اور" جب آنکھیں آہن پوش ہوئیں "میری لائبریری، لاہور ۱۹۸۵ء، ص ۴۰۳

۱۸۔ ایضاً، ص ۴۰۴۔۴۰۳

۱۹۔ رفعت نواز، "تعارف"، مشمولہ، "تیری دلبری کا بھرم"، مکتبہ میری لائبریری، لاہور، ۱۹۸۵ء، ص ۸

۲۰۔ عزیز احمد، "تیری دلبری کا بھرم"، مکتبہ میری لائبریری، لاہور، ۱۹۸۵ء، ص ۷۷

* * *